차 한 잔, 시 한 스푼

차 한 잔, 시 한 스푼

글·그림 안혜영

Prologue

시인은 언어 예술의 조각가라고 생각합니다.
시어 하나에 의미를 담고, 아름다움을 담습니다.
종종, 이야기하는 절차탁마(切磋琢磨)하며 옥석으로
태어납니다. 이렇게 언어의 미학은 시어의 예술적
승화 요소를 가집니다.

어느덧, 저의 네번째 시집인 『차 한 잔, 시 한 스푼』 시집은,
춘천의 사계절을 뜨락으로 1부~5부 그리고 연시조와
자작 시조를 쓴 캘리그라피, 차·커피 시음 감회를 담았습니다.

저의 공백기 동안의 일상에 깃든
감성 시조 (현대 시조·정형 시조)로 엮었습니다.

또, 몇 점의 아크릴화와 초등학생 딸 소현이의
그림 작품이 있어 더욱 의미 있습니다.

저의 네번째 시집이 세상의 빛이 되기까지
도움주신, 도서출판 산책에 감사드립니다.

독자분들의 일상에도 시 감상과 차 한 잔의 여유의 시간은
어떨까요?

저의 『차 한 잔, 시 한 스푼』 시집으로 모든 독자분들의
일상에 행복이 전해지길 바랍니다.

감사합니다.

2025.
신록 햇살 사이에서
안혜영

차례

• Prologue _ 4

1부
봄 뜨락

풍경	14
팔레트	16
삼악산 케이블카를 타는 감회	18
홍 가리비	19
강 물	20
팝콘 향연	21
목련나비	22
홈 가드닝	23
금전수	24
놀이터	26
그네	27
시소	28
미끄럼틀	29
비 내리는 날	30
뜨락	31
춘천 출렁다리를 건너며	32
수제 막걸리를 만들며	33
달맞이꽃	34
봄	35

여름 뜨락

라디오	38
장마	39
냉면	40
시간 - 1(정형시조)	41
시간 - 2	42
서울 백화점에서	43
기차 여행	44
삶의 속도	45
예초기	46
아날로그	47
다육이	48
화과자	49
완두콩	50
한국의 불꽃	51
무궁화 꽃이 피었습니다.	52
팥빙수	54
정동진 역	55
정동진 해변	56
속초 설악항 풍경	58
라벤더	59
양양 낙산사洛山寺 답사 - 첼로와 바이올린 재탄생 이야기	60

3부
가을 뜨락

모녀전(전시회)을 열며...	64
차茶 공방에서 - 춘천 마하산방에서...	65
춘천 육림 고개	66
여행 - 북까페	67
설거지	68
연필의 사색思索	70
라탄공예 - 사각 트레이를 만들며	72
수불석권 手不釋卷	73
책	74
선율	76
만년필	78
천사채	79

4부
겨울 뜨락

겨울비	82
소금빵	83
속초 외옹치 해변에서	84
속초 영금정에서	86
길	87

5부 다향茶香

끽다喫茶 - 차를 마시며	90
모과차	91
우엉차	92
루이보스 차	93
페퍼민트	94
목련꽃 차	95
메리골드 차	96
히비스커스 차	97
카페라떼	98
카푸치노	99
코코넛 커피	100
홀빈	101
연시조 춘천 12고을	102
연시조 수춘壽春 명품名品 10수	106
연시조 청평사淸平寺 가는 길	110

캘리그라피 & 서예

강물	116
다육이	117
라벤더	118
만년필	119
목련나비	120
장마	121
책	122
팝콘향연	123
홍가리비	124
화과자	125
모과차	127
우엉차	128
루이보스차	129
페퍼민트	130

목련꽃차	131
메리골드차	132
카페라떼	133
카푸치노	134
코코넛커피	135
봄	136
풍경	137
길	138
선율	139
팔레트	140
무궁화 꽃이 피었습니다	141
히비스커스 차	142
춘천향교	143
청평사 주목	143

· Epilogue _ 144
· 작가 소개 _ 146

1부 봄 뜨락

풍경

어제와 또 다른 오늘
날마다 새로운
풍경의 프레임은
한 폭의 그림 작품이다.

누가 마법 가루를 뿌렸던가?
어제 걸었던 똑같은 흙길도
오늘 걸으면 변해있는 꽃길

어느날은 햇살이 내리고
어느날은 구름이 흐리고
어느날은 비가 내리고
어느날은 눈이 내렸다.

나뭇가지의 새싹 하나가
어느덧 초록초록하니
어느새 톡 톡 열린 작은 꽃망울
드디어 활짝 핀 분홍빛
매화 한송이

매일 다채로운 풍경화를 그린다.

팔레트

팔레트안에
빨주노초파남보
무지개가 뜨기 전이다.
고운 채색 옷입고
붓따라 종이결따라
물감들이 나비가 된다.
팔레트는
보물상자 램프 요정처럼
붓 끝의 물감을
꿈결에 잠이 깬
어린아이와 같이
색동옷을 입히고
여행을 한다.

작약

삼악산 케이블카를 타는 감회

삼삼오오
케이블카안에
덩실덩실 함박웃음
가득하네
피어나는 이야기 웃음꽃은
잔잔한 의암호수같고
완연한 봄 햇살 깃든
물결은 영롱하네
삼악산 봄가운 입은
연분홍빛 진달래
꽃단장하니
꽃샘추위도 감탄하네.

홍 가리비

분홍빛 엷은 홍조 미소 띈 홍 가리비
노오란 가리비 살 밥도둑 또 있었나?
따개비 거친바다 향 물씬하게 머금어.

강물

잔잔한 보석 카펫 영롱한 강물에는
봄 향기 물든 강물 꽃향기 만취 하니
춤 향연 바람 물결에 옷깃이 스치네.

팝콘 향연

팝콘이 열렸는가 하이얀 꽃잎들이
나비춤 춤사위로 꽃가지 사이마다
벚꽃꿈 치즈 팝콘이 팡팡 열린 축제네

목련나비

목련화 날개 되어 하이얀 나비되어
이른 봄 가지마다 잠 깨운 꽃 봉오리
호접몽 아른아른한 높이높이 하늘로

딸 소현이 작품

홈 가드닝

여가 삶 홈 가드닝 취미가 늘어나니
금전수 반려 식물 가드닝 대세시대
잎사귀 먼지도 닦고 금전수에 물주네.

금전수

복덩이 주렁주렁 열릴까 돈 주머니
잎사귀 한 잎 한 잎 돈 같아 금전수네
세간의 부자 된다는 가가호호 가드닝.

놀이터

신나게 뛰어노는 아이들 함박웃음
아파트 놀이터에 웃음꽃 동심가득
이야기 술래잡기로 오순도순 한바퀴.

그네

누가 누가 멀리까지 나아가는가?
하늘 위로 올라갔다가
다시 내려와 제자리로
스윙~ 스윙~
날개 달린 듯 시계 추 같은 그네
밀고 또 밀고
당기고 또 당기고
춘향 아가씨 그네 뛰듯이
멀리 멀리 하늘로 하늘로
무릎을 굽어 폈다
하늘 계단에 닿을 듯
머릿결 바람에 휘날린다.
바람을 타며 스윙~ 스윙~

시소

올라가면 내려오고
내려오면 올라가는
시소시소

올라가면 하늘에 둥둥
내려오면 쿵 쿵!

오르락 내리락
신나고 재미있는
시소타기

미끄럼틀

미끄러지듯
쓰윽~
미끄럼틀 타고
내려오는 아이들의
천진난만한 웃음꽃
미끄럼틀 계단을
오르락 내리락
또 타야지!
신나는 미끄럼틀 타기
모험이라네.

비 내리는 날

반가운 식탁에는 바지락 칼국수를
정겨운 담소에는 웃음꽃 가득 피고
봄비가 옷깃 스미는 낭만 풍경 가득해

칼국수 모락 모락 젓가락 올려내고
김치는 소담 소담 비 정취 담아내니
빗소리 어울린 음식 특정식이 또 있나?

뜨락

뜨락에
시 꽃이 피어난다.
봄 뜨락은 글 꽃들도
꽃처럼 만개하고
여름 뜨락은
시원한 바다에
파도가 일렁이고
가을 뜨락은
단풍마다
울긋불긋 낙엽들이 지고
겨울 뜨락은
눈꽃송이로
하얀 뜨락이 된다.
사계절의 풍경이
다채로운 뜨락마다
시 꽃을 심는다.
시 심이 일어나
마음에 꽃씨 하나 떨어뜨리면
글 꽃이 꽃밭을 이룬다.

춘천 출렁다리를 건너며

한 걸음 두 걸음에 쓸어낸 작은가슴
좌우로 너울너울 춤추는 출렁다리
놀라며 울다 웃다가 함박웃음 머무네

수제 막걸리를 만들며

누룩이 뽀금뽀금 거품이 익어가네
고요한 서민의 한 한 움쿰 빚어내니
우윳빛 막걸리 한 잔 깊은 풍미 감도네.

- 춘천 원데이 클래스에서

달맞이 꽃

살포시 달님보며 방그레 미소짓네
오늘밤 나오시는 보름달 반기려나?
한마음 기도하는 손 소망담은 꽃망울.

봄

봄의 발자국은
소리가 없다

어느새 흐드러진 꽃
활짝 핀 꽃잎새에
봄바람이 일렁인다

빵집 케익에도 봄이 찾아 왔다
분홍케익이 반갑게 손짓하듯

봄딸기가 올려진
딸기 케익은
또 어떤 희소식 전하러 갈까?

2부 여름 뜨락

라디오

빗소리 발맞추는
아담한 라디오에서
흘러나오는
아날로그 선율이
유영(游泳)한다.
FM주파수 헤르츠에
안테나를 세우니
사연들이
라디오 안에 가득하다.
유일한 아날로그
소통의 터
일상의 작은 쉼표라네.

장마

요란한 빗소리에 잠깨어 일어나니
폭풍우 창문 사이 두드려 비 내리네
한여름 지나는 손님 무탈하게 지나리.

냉면

물냉면 사리 육수 시원한 얼음동동
얼얼한 양볼 사이 무더위 물러가네
한여름 특식 별미가 냉면보다 나을까?

시간 - 1(정형시조)

무언의 정처 없는 항해사 시계 바늘
유수의 화살처럼 지나온 발자국들
붙잡는 시간일수록 멀리멀리 떠나네.

Pink rabbit - Alice intro time!
분홍토끼 - 앨리스 시간 속으로

시간 - 2

잡을 수 없는 것이 있다.
잡히지 않는 것이 있다.
무념무상
침묵 그리고 무언의 동행자
때로는
저 혼자 이야기 하곤 한다.

째깍째깍
한 발자국 내 딛는다.
유유히 흐르고 흘러서
어디까지 닿을까?

목적지 없는 항해 속에서도
무언의 성장통이 있다.
나와 함께 성장하는
걸어가는 시간 속으로...

나의 시간은 그렇게
한 뼘 더 성장했다.

서울 백화점에서

용산에 유명 대형 백화점 둘러보니
이국적 상전벽해 쇼윈도 인산인해
신박한 장난감 인형 아이들의 신세계.

기차 여행

아이의 마음으로 신나는 기차여행
서울행 청춘열차 푸르른 창 밖 풍경
한국의 멋진 비경이 강산마다 숨었네.

삶의 속도

거북이 느릿느릿 토끼는 빠르다네
경주에 승리했던 거북이 꾸준함이
성공의 원천 지름길 나만의 길 묵묵히

예초기

부르릉 부릉윙윙 까칠한 엔진소리
묵었던 풀꽃들이 바람에 사라지네
사르륵 무명의 잡초 덩그러니 남았네

아날로그

청소기 기기보다 빗자루 쓰레받이
디지털 편의성은 일상의 단조로움
화분에 물 주기 같은 아날로그 일상들

다육이

선반 위 다양하게 즐비한 다육 화분
발길이 머무는 곳 선인장 사촌 친구
빨간 꽃 매력 덩어리 맵시 있는 다육이

다육이 1

다육이 2. 딸 소현이 작품

화과자

은은한 꽃 향기가 떡 위에 꽃 피웠네
벌, 나비 앉으려나 화려한 꽃잎 한 잎
세심한 다양한 색감 벌, 나비도 놀라네.

완두콩

알알이 형제자매 나란히 어깨동무
알맹이 한 알 두 알 반갑게 인사 하네
동그란 완두콩 형제 사이 좋은 친구네.

한국의 불꽃

무궁화 꽃에 서린
한국의 정신
겨레의 마음 모아
손에 손잡고
한민족 불꽃으로
피어나네.
꽃잎마다 머문 햇살은
겨레의 열정
고요한 결이
다정히 피어나는
한국의 불꽃으로
영원 무궁하네.

무궁화 꽃이 피었습니다.

민족의 가슴마다
피어나는 꽃 한송이
애국과 열정이
꽃 잎마다 스며든
발그레 띈 미소

청초한 하얀 무궁화
꿈이 가득한 빨간 무궁화
사랑 가득한 분홍 무궁화
대한민국 희망을 노래하는
무궁화 꽃이 피었습니다.

팥빙수

한여름 팥빙수는 우유와 최고 조합
팥앙금 과일고명 인절미 하얀 연유
설빙과 버라이어티 불꽃놀이 꽃 잔치

정동진 역

정동진 간이역에
사람들 발걸음이
가볍고 여유로워 보인다.
Ktx 대기실의 모습은
의자에 앉아 기차를 기다리는 사람들
정동진에 도착한 이들
떠나는 이들 모두 여행 나그네이다.

정동진 해변

정동진 해변에는
세찬 바람과
거친 파도만 출렁인다.
바다 한 가운데 거중기와
모터배만이 덩그러니 둥실
한적하니 인파 없다.

정동진 해변에는
매일 아침마다
새로운 희망을 맞이하니
해돋이 명소답다.

정동쪽 해 뜨는 곳 정동진
오고가는 발길 닿는 모래사장에는
조개껍데기만 남겨진 채
정동진 해변을 지킨다.

속초 설악항 풍경

생동감 넘쳐나는
설악항 삶의 현장
즐비한 횟집에
풍성한 민심이 담긴
도다리, 전어
청어, 해삼, 멍게
바다회 향연이다.
새우튀김,
오징어 튀김 한 접시에
아이들의 탄성 가득
이른 아침
입항과 출항하는 고깃배들의
부지런한 설악항 풍경

라벤더

보랏빛 향기 속에 꿈꾸던 푸른 바다
바람결 손 흔들며 실려 온 허브향기
아늑한 숲속 향 가득 온화한 빛 라벤더

양양 낙산사洛山寺 답사
- 첼로와 바이올린 재탄생 이야기

문무왕 의상 대사 세웠던 낙산사라
화재로 소실되던 사찰들 복원했네
재탄생 현악기들은 인상적 명품이네.

전소된 잔해들로 어떻게 제작했나?
대들보 원통보전 첼로와 바이올린
소실된 일부 목재로 유명악기 탄생했네.

3부 가을 뜨락

모녀전(전시회)을 열며...

엄마와 불혹나이 딸과의 모녀전시
성장기 작품 속에 자화상 깃든 연륜
시서화 나래를 펼쳐 세상 속에 빛되리

2023. 9.
춘천미술관에서

차茶 공방에서
- 춘천 마하산방에서...

약사리 마하산방 차향기 가득하네
숙우에 우러나는 발효차 황차 한 잔
찻잔에 이야기꽃이 익어가는 차공방

춘천 육림 고개

청춘의 육림고개 청년들 모임장터
북까페 꿈의 공간 다락방 낭만서재
관광객 발길 머무른 언덕 위의 꿈마을

여행 - 북까페

치우친 편협속에 벗어난 일탈 여행
다람쥐 쳇바퀴속 일상에 봇물이네
마중물 골목 사이로 낭만 공간 북까페

설거지

산더미 쌓여있는 달그락 그릇소리
뽀드득 빼꼼하게 얼굴을 드리우니
물거품 세찬 물줄기 세안하듯 말갛네.

연필의 사색思索

사각사각
스치운 생각에
연필은
어진 발자국을 내딛는다.

소곤소곤
연필이 종이 위에서
이야기한다.

달그락달그락
연필을 깎을수록
키가 작아지지만
나이는 가장 많은
몽당 연필이 된다.

연필의 세계에서는
몽당연필이 형님,
키가 큰
새연필은 신입생이다.

키가 작을수록 나이가 많은
몽당연필은
촛불을 켠 눈물 많은
양초와 같다

촛농이 녹을수록
연륜이 많아지는 양초

작아질수록 겸허해지고
나이와 연륜은 많아지는
양초와 몽당연필의 생애이다.

라탄 공예
- 사각 트레이를 만들며

등나무 한 가닥에 한줄기 엮어가니
어느새 실용적인 트레이 바구니네.
신박한 트레이 안에 가득가득 담을까?

수불석권 手不釋卷

손닿는 곳곳마다 책으로 쌓여있어
독서의 깊이마다 삼매경 일취월장
지혜가 눈부시도록 발견하는 유레카.

책

무더위 기승의날 삼매경 독서하니
책속에 웃음있고 한가한 쉼터있네
동심의 신세계속에 꿈을 꾸는 책벌레

선율

열정이 음표따라 흐르는 음악선율
현악기 *삼중주에 춤추는 음표들은
악보위 악기선율에 떠다니는 돛단배

* 레이어스 클래식(layers classic)의 음악을 감상하면서...
  (From Korea Musicion)/(피아노, 바이올린, 첼로)

만년필

펜촉 끝 둥근닙에 한 방울 맺힌 잉크
발자국 사각사각 경쾌한 퍼포먼스
춤추는 발레 춤나비 음악선율 만년필

천사채

상큼한 아삭아삭 싱싱한 꼬들꼬들
전라도 천상음식 해초식 샐러드네.
한천과 우뭇가사리 천상미식 천사채.

4부 겨울 뜨락

겨울비

한 떨기 꽃잎지듯 겨울을 알리는 문
깊은밤 쏟아지는 무심한 기상이변
혹독한 시련 이기는 서리 눈꽃 겨울비

소금빵

시오빵 앙버터에 소금이 눈이내려
갓구운 포실포실 바사삭 겉바속촉
소금빵 한입 먹으면 너도나도 빵덕후

속초 외옹치 해변에서

항아리 언덕이라 외옹치 불리우네
바람은 하얀서리 녹는 듯 불어오고
밀물의 한가로움은 호연지기 커지네.

속초 영금정에서

거문고 소리나듯 바위에 파도치네
해변가 정자에서 시 한 수 지어보니
영롱한 고아한 노래 갯바위에 스미네

길

오늘 걸었던 길은
익숙한 길
누군가가 걸었던 길
또 아직 모르는 길이 있다
같은 장소에서 발견한
또 다른 길 역시
도착지점이 같을 수 있다는 것에
숨어있는 골목길을
발견한 놀라움은
어린아이들의 보물찾기와 같다.
걷는 길이 새 길이 된다
오늘 걸은 나의 길 역시
누군가가 걷게 될 또 다른
나의 길이 될 수 있음에
고운 발자국을 내딛다.

5부 다향茶香

끽다喫茶 - 차를 마시며

창문 밖 빗 소리가 두드려 깨어나니
우엉차 또르르르 새벽차 마셔보네
구수한 향기 맴돌아 지어보는 시 한수

모과차

바람에 실려 오는 그윽한 모과향기
못난이 모과 열매 건강 차 변신 하네
한 모금 꿀에 머금은 가을 담은 모과차

우엉차

우엉차 한 모금에 머무는 꽃잎 하나
구수한 차 향기에 맴도는 시 한수라
시 향기 머금은 미소 심취하는 차 세계

루이보스 차

붉은빛 루이보스 가득한 허브 향기
고요한 티타임에 정적을 깨우는 잠
씁쓸한 롤러코스터 달콤 향미 인생길

페퍼민트

허브향 페퍼민트 그윽한 차 향기에
찻물을 우려내어 찻잔에 또르르르
맑은차 감도는 향기 민트허브 상큼함.

목련꽃 차

향나무 시트러스 향긋한 반전매력
산뜻한 목련 꽃잎 한 잎에 물들었네
그윽한 깊은 향기 꽃 흰나비가 되었나?

메리골드 차

금잔화 메리골드 꽃차 중 황금빛 차
달콤한 사양 벌꿀 한 스푼 저어내니
은은한 향기 머금은 일품 조합 꽃차네.

히비스커스 차茶

서양의 무궁화의 또 다른 이름
히비스커스
딸기와 블렌딩한 히비스커스 차는
빨간 물들인 꽃 과일 차
달콤한 딸기향과
그윽한 히비스커스의 만남이라네.
한국의 오미자 차와 견주는
빨간 히비스커스 딸기 과일 차
한여름 더위도 어느새
멀리 한 발치 물러가네.

카페 라떼

미명에 까페 라떼 한 잔에 정적 깨고
한 줄의 책 글 속에 펜촉은 종이 위에
춤추는 캘리그라피 향원익청 커피향.

카푸치노

이태리 수도승들 후드티 닮았다는
고소한 기품있는 모카향 깊은풍미
단 꿈속 거품 가득한 카푸치노 유래네.

코코넛 커피

향긋한 코코넛 향 은은히 맴도는데
한 모금 향기가득 향연에 미소 짓네
추운날 코코넛 커피 한 손에는 시집을

홀빈

향긋한 커피콩
르완다, 페루, 인도네시아
멀리서 건너 온 손님
커피 콩, 홀빈
글라인더에 넣은 홀빈은
어느새 커피 분말이 되어 있다.

커피를 직접 내려 본다.
한 방울 한 방울
떨어지는 에스프레소
커피 홀빈의 땀방울 같은
커피의 눈물방울
한편, 커피 한 잔의 여유를…
커피 한 잔이 되기까지
멀고 먼 커피의 여정은
인생과 같구나!

연시조
춘천 12고을

서시

물 맑고 공기 좋은 춘천의 고을시라
유명한 열두 고을 전설의 이야기니
유래가 구구절절이 내려오는 춘천시

1
신동면 시루마을(증리)

금병산 봄빛병풍 산자락 둘레길에
스며든 전설들이 김유정 소설가의
책속에 살아움직인 꿈결 같은 이야기

2
남이섬 남이장군

남이섬 남이장군 흐르는 북한강에
이르러 후세까지 빛나는 업적이라
현대에 장군애국심 길이길이 남기리

3
효자 마을 전설

산신령 하사하신 산삼을 캐어내어
누우신 어머니께 고아서 드렸더니
말끔히 나으신 병에 감복하여 놀라네

4
소양댐 수몰마을(내평리) - 승호대에서

소양댐 수몰마을 어디로 사라졌나
내평리 옛 삶터전 강물로 뒤 덮혔네
한(恨) 많은 실향민의 삶 말해주는 승호대

5
천전리 마적산 뜨나리재

워나리 건넛마을 마적산 뜨나리재.
봉의산 몽골항쟁 숙연한 호국정신
춘천의 애국항쟁심 역사속에 빛나리

6
혈동리 덕만이 고개

군자리 두뭇골로 넘나는 덕만이 고개
혈동리 굽이굽이 고갯길 깃든 전설
춘천시 넓은 분지에 고개이름 많구나

7
봉의산 이궁이 터

죽림동 이궁이 터 문소각 태평성대
조양루 고종황제 이궁 터에 머무셨나?
뿌리의 춘천의 역사 유서 깊은 유래네.

8
국사봉과 망제탑

망곡의 고종 붕어 슬픔을 망제탑에
깃들여 일제치하 항쟁의 애국심을
국사들 은사들 은혜 은거 장소 국사봉

9
샘밭과 여우고개

윗샘밭 아랫샘밭 워나리 건넛마을
샘밭은 돈 길 열려 춘천의 교류시장
우두산 전설이야기 여우고개 남태령

10
망대와 아리랑 골목

약사리 일제시대 화재용도 감시탑
현대에 철거되어 역사 속에 남기리
소소한 아리랑골목 이웃사랑 넘치네.

11
낭만 강촌 유원지

강촌은 낭만가득 춘천의 유원지네
강가의 고즈넉한 풍경은 고요하고
유유한 강촌유원지 함박웃음 머무네

12
서면 박사마을

방동리 박사마을 유능한 인재 많네
장독대 전통장맛 유명한 간장, 된장
애국자 박사 선양탑 위상을 드높이네.

- 봄내 마을 이야기(2023)

연시조
수춘壽春 명품名品 10수

1
춘천 향교

지혜가 공존하는 선인들 공부방에
글 읽기 강론하는 학자들 모임이네
먹향기 향원 익청에 문방사보 친구라.

2
닭갈비와 막국수

춘천의 명물음식 닭갈비 막국수네.
서민들 민심가득 음식에 가득 담아
세계적 관광 음식 중 한국 음식 최고라.

3
곰실공소

소소한 성당입구 반기는 마리아상
춘천에 정착했던 성당중 첫 번째라
주님께 찬양드리는 두손모은 기도 손

4
청평사 주목

청평사 천년주목 품새가 기품있네
홀로선 한그루의 나무결 푸르르니
명품은 세월지나도 한결같은 나무라.

5
중앙 감리교회 답사

춘천의 기독교의 시초인 중앙교회
찬양과 기도 소리 마음들 아름다워
주님의 기쁨이되는 성령의 불 성도네.

6
김정은 최재근 가옥

조선의 명품고틱 한옥의 매력이라.
백년의 전통가옥 가풍이 단아하네
선조의 지혜가 깃든 역사속의 발자취

7
난정서루

오십년 춘천명소 문인의 먹향가득
시서화 소인묵객 흥취한 먹물 한 획
민생의 작품속으로 글씨속의 향기라.

8
한백록 장군 재실 관남재

미조항 전투에서 전사를 하였으니
겨레의 순국선열 위상을 드높이네
이순신 한백록 장군 애국지사 기리네

9
삼천리 자전거

춘천의 자전거 길 달리는 사이클맨
명품인 자전거로 골목길 달려보네
웃음꽃 가가호호의 지붕위에 머무네

10
막국수

서민들 애환담긴 막국수 최고라네
양념장 삶은 달걀 쫄깃한 메밀소바
여름철 막국수만한 별미음식 또 있나

- 수춘의 명품 오랜 생명의 노래(2024)

연시조
청평사淸平寺 가는 길

1
청평사 가는 길목에서

청평사 선다(禪茶) 문화 헌다례 의식있네.
오르는 길목마다 반기는 옛 명소들
옛 전설 유래 가득한 세심(洗心)비경 만나네

2
공주 설화

당나라 평양 공주 신라 백성 청년과
사랑이 돈독하니 비운의 이야기라
청년은 공주를 위한 일편단심 연민뿐

청년의 안타까운 일화에 깜짝 놀란
공주는 공양드려 풀어진 청년의 한(恨)
청평사 사찰 곳곳에 깃들어 잠 들었네.

3
거북 바위에서

거북이 닮았다는 전설의 소원 돌탑
청평사 대길 하길 기원한 거북바위
소양댐 건설이 되자 대대로 번창하네.

4
오봉산 구송 폭포에서

오봉산 굽이굽이 계곡이 비경이네
소나무 아홉 가지 폭포수 울려 퍼져
무지개 떨어지는 은빛 무더위 식혀주네

5
영지(影池)에서

청평사 오르는 길 햇살이 연못 비춰
그림자 드리우니 놀라는 청개구리
올챙이 헤엄치며 노니 고즈넉한 영지네.

6
매월당(梅月堂) 김시습선생과 세향원(細香院)

매월당 김시습이 머물던 세향원에
글월이 풍월주인(風月主人) 풍류가 가득하네
글소리 새벽 깨우니 명경지수(明鏡止水) 글쓰네.

7
선다(禪茶) 헌 다례식 참관

대웅전 헌 다례식 문성(文聲)이 울려퍼져
잔잔한 음악 소리 차 명상 기품있네
은은한 경종 울림과 차 향기에 머무네.

딸 소현이 작품

캘리그라피 & 서예작품

붓펜 캘리그라피 모나미 드로잉 붓펜

강물

잔잔한 보석카펫
영롱한 강물에는
봄 향기
물든 강물
꽃향기 만취하니
춤 향연
바람 물결에
옷깃이
스치네.

다육이

선반위
 다양하게
 즐비한
  다육화분
 발길이 머무는 곳
   선인장
     사촌 친구
빨간꽃
   매력덩어리
   맵시 있는
     다육이

라벤더

보라빛
 향기 속에
  꿈꾸던
   푸른바다
  바람결
   손 흔들며
  실려온
   허브향기
  아늑한
   숲속 향가득
    온화한 빛
     라벤더.

만년필

펜촉끝
둥근닙에
한 방울 맺힌
잉크
발자국
사각사각
경쾌한
퍼포먼스
춤추는
발레춤나비
음악선율
만년필.

목련 나비

목련화
 날개되어
  하이얀
   나비되어
  이른 봄
   가지마다
    잠깨운
     꽃봉오리
  호접몽
   아른아른한
    높이높이
     하늘로 …

장마

요란한
　빗소리에
　　잠깨어
　　　일어나니
폭풍우 창문사이
　두드려
　　비 내리네
한여름
　지나는 손님
　　무탈하게
　　　지나리.

책

무더위
 기승의 날
  삼매경
  독서하니
  책 속에
    웃음 있고
  한가한
    쉼터 있네
 동심의
   신세계 속에
    꿈을 꾸는
      책벌레.

팝콘 향연

팝콘이 열렸는가
하이얀
꽃잎들이
나비춤
춤사위로
꽃가지
꽃 사이마다
벚꽃 꿈
치즈 팝콘이
팡팡 열린
축제네.

홍가리비

분홍빛
옅은 홍조
 미소 띈
홍가리비
 노오란
  가리비살
밥도둑 또
 있었나?
따개비
 거친바다 향
물씬하게
 머금어…

화과자

은은한
 꽃향기가
  떡 위에
   꽃 피웠네
벌 나비
 앉으려나
  화려한
   꽃잎 한잎
세심한
 다양한 색감
  벌 나비도
   놀라네

황모세필 캘리그라피

모과차

바람에 실려오는
 그윽한 모과향기
못난이 모과열매
 건강차 변신하네
한모금 끝에 머금은
 가을담은 모과차

우엉차

우엉차 한모금에
 머무는 꽃잎하나
구수한
 차 향기에 맴도는
시 한수라
 시 향기 머금은 미소
심취하는
 차 세계

루이보스 차

붉은 빛 루이보스
 가득한 허브 향기
고요한 티타임에
 정적을 깨우는 잠
쌉쏠한 롤러코스터
달콤 향미 인생길.

페퍼민트

허브향 페퍼민트
그윽한 차향기에
찻물을 우려내어
찻잔에 또르르
맑은차
감도는 향기
민트허브
상큼함.

목련꽃차

향나무 시트러스
향긋한
반전매력
산뜻한 목련꽃잎
한 잎에
물들었네
그윽한 깊은 향기 꽃
흰 나비가
되었나?

메리골드 차

금잔화 메리골드
꽃차 중
황금빛 차
달콤한 사양벌꿀
한 스푼
저어내니
은은한 향이
머금은
일품 조합
꽃차네.

카페라떼

미명에 카페라떼
한 잔에
정적깨고
한 줄의 책글속에
펜촉은 종이위에
춤추는
캘리그라피
향원익청
커피향.

카푸치노

이태리 수도승들
후드티
닮았다는
고소한
기품있는
모카향
깊은 풍미
단꿈 속 거품 가득한
카푸치노
유래네.

코코넛 커피

향긋한 코코넛 향
　은은히
　　맴도는데
한 모금
　향기가득
　　향연에 미소 짓네
추운날 코코넛 커피
　한 손에는
　　시집을.

서예 작품

봄

안혜영

봄의 발자국은
소리가 없다

어느새 흐드러진 꽃
활짝 핀 꽃잎새에
봄바람이 일렁인다

빵집 케익에도
봄이 찾아 왔다
분홍케익이
반갑게 손짓하듯

봄딸기가 올려진
딸기 케익은
또 어떤 희소식
전하러 갈까?

풍경

어제와 또다른 오늘
날마다 새로운
풍경의 프레임은
한 폭의 그림작품이다
누가 마법가루를 뿌렸던가?
어제 걸었던
똑같은 흙길도 오늘 걸으면
변해있는 꽃길
어느날은 햇살이 내리고
어느날은 구름이 흐리고
어느날은 비가 내리고
어느날은 눈이내렸다
나뭇가지의 새싹하나가
어느덧 초록초록하니
어느새 톡톡열린작은꽃망울
드디어 활짝핀 분홍빛
매화 한송이
매일 다채로운풍경화를그린다

계묘년 목운 안혜영 짓고 쓰다

길

오늘 걸었던 길은
익숙한 길
누군가가 걸었던 길
또 아직 모르는 길이 있다
같은 장소에서 발견한
또 다른 길도 역시
도착지점이 같을수
있다는 것에...
숨어 있는 골목길을
발견할때의 놀라움은
어린아이들의 보물찾기와
같다
걷는길이 새길이 된다
오늘 걸은 나의 길 역시
누군가가 걷게될 또다른
나의 길이 될수 있음에
고운 발자국을 내딛는다

계묘년 목운 안혜영짓고 쓰다

선율

열정이 음포따라 흐르는 음악선율
현악기 삼중주에 춤추는 음표들은
악보위 악기선율에 떠다니는 돛단배
갑진년 목운 안혜영 짓고 쓰다

팔레트

팔레트 안에
빨주노초파남보
무지개가 뜨기 전이다
고운 채색옷 입고
붓따라 종이결따라
물감들이 나비가 된다
팔레트는 보물상자
램프요정처럼
붓끝의 물감을
금결에 잠이 깬
어린아이와 같이
색동옷을 입히고
여행을 한다

계묘년 꽃은 안혜영
짓고 쓰다

무궁화 꽃이피었습니다

민족의 가슴마다
피어나는 꽃 한송이
애국과 별징이
꽃잎마다 스며든
발그레 띈 미소

청초한 하얀무궁화
꿈이 가득한 빨간무궁화
사랑 가득한 분홍무궁화
대한민국
희망을 노래하는
무궁화 꽃이피었습니다

묵은 안혜병 짓고 쓰다

히비스커스 차

서양의 무궁화의 또 다른 이름
히비스커스
딸기와 블렌딩한
히비스커스 차는
빨간 물들인 꽃 과일 차
달콤한 딸기향과
그윽한 히비스커스의
만남이라네
한국의 오미자 차와 견줄는
빨간 히비스커스 딸기
과일 차
한여름 더위도 어느새
멀리 한발치 끌려가네

갑진년 묵은 안혜영
짓고 쓰다

향교

지혜가 공존하는
선인들 공부방에
글자들 모임이네
학자들 강론하는
글읽기 향원벽청에
먹향기 향원벽청에
문방사보 친구라

갑진년 목운 안혜영
짓고 쓰다

늘 푸르게

청평사 주목
청평사 천년주목
품새가 기품있네
홀로선 한그루의
나뭇결 푸르르니
명품은 세월이 지나도
한결같은 나무라

갑진년 목운 안혜영
짓고 쓰다

Epilogue

시(詩) 꽃을 심는다.

시(詩) 심이 일어나
마음에 꽃씨 하나 떨어뜨리면
글 꽃이 꽃밭을 이룬다.

<뜨락> 중....

안혜영
시조시인&서예작가

수상

대한민국무궁화미술대전
  • 서예 대상 수상(대구광역시장상, 2019) • 서예 최우수상 2회 수상(2022, 2023)
  • 서예 국회행정안전위원회 대상 수상(2023)
서울 비엔날레 서예(특별 작가·명인 선정, 2021)
Korea 앙데팡당 피카디리 국제 예술제 서예 3회 입상(입선, 2020, 2023, 2024)
Korea 앙데팡당 피카디리 국제 예술제 서예 한국아카데미협회장상 수상(2021)
님의침묵 서예대전 초대작가 및 삼체상 수상(2023)
강원미술대전 서예 초대작가 및 우수상 수상

전시

모녀전 전시(춘천미술관, 2023)
춘천예찬 시·서전 출품(춘천문화예술회관, 2025)
단체전(전시) 다수 참여

등단

격월간 〈문학광장〉 시조 부문 신인문학상 수상(2016)

저서

『오솔길 따라서 온 풀꽃 향기』(2017), 『바람 무지개』(2020),
『꽃과 나무와 새 그리고 시』(2022)

시 공저

『한국문학대표시선』 5, 6, 7, 8(2017~2020)〈문학광장〉

한시·시조 공저

『호반의 노래 의암십경』(2017), 『청평 팔영의 시와 이야기』(2019),
『33년만에 서울과 춘천 한시로 잇다』(2020), 『신선고을의 구곡가』(2021),
『춘천 맥국의 노래』(2022), 『봄내 마을 이야기』(2023),
『수춘의 명품, 오랜 생명의 노래』(2024)

차 한 잔, 시 한 스푼

초판 1쇄 발행 2025년 7월 7일

지은이	**안혜영**
펴낸이	**원미경**
펴낸곳	**도서출판 산책**
	강원도 춘천시 우두강둑길 185
	Tel_033) 254-8912
	E-mail_book8912@naver.com
정가	13,000원
ISBN	978-89-7864-172-2

※ 〈한국예술인복지재단〉지원 기금으로 제작하였습니다.

※ 이 책의 저작권은 저자에게 있으며 무단 전재나 복제는 법으로 금지되어 있습니다.